# 恐竜の谷の大冒険

メディアファクトリー

# マジック・ツリーハウス１　もくじ

## ［第１話］恐竜の谷の大冒険

きょうりゅうのたにのだいぼうけん

## [第2話] 黒い馬の騎士
くろいうまのきし

# あらすじ

ジャックとアニーは、アメリカ・ペンシルベニア州に住む、なかよしきょうだい。

ある日、ふたりは、森の大きなカシの木の上に、ふしぎなツリーハウスを見つける。中で本を見ていると、とつぜんツリーハウスがまわりだし、本のなかの世界へ行ってしまう。

ついたところは、恐竜の時代。本物の恐竜たちと、なかよくなったり、追いかけられたり。ハラハラどきどきの大冒険がはじまった。

はたして、ふたりは、ぶじに帰れるのか!?

# ［第1話］恐竜の谷の大冒険

きょうりゅうのたにのだいぼうけん

# ふしぎなツリーハウス

「お兄ちゃん、なんの本を読んでたの？」

妹のアニーが、スキップしながら、ジャックに聞いた。

オレンジ色の太陽が、西の空にかたむいている。ここは、アメリカのペンシルベニア州。ジャックとアニーは、フロッグクリークという町の小学生だ。ふたりは図書館の帰り道だった。

「恐竜の本だよ」めがねをおさえながら、ジャックが言った。

「イグアノドン、ステゴサウルス、恐竜の王者ティラノサウルス。それからあの時代には、空を飛ぶ、〝翼竜〟っていうのもいたんだ」

ジャックはもうすぐ九歳。本を読んだり、自然を観察したりするのが大好きな男の子だ。

とつぜん、アニーがさけんだ。

「お兄ちゃん、うしろに、かいじゅうがいる！」

アニーは七歳。恐竜の名まえをおぼえるより、空想の世界であそぶほうが楽しい。

「どこに、かいじゅうがいるんだよ」ジャックは、うんざりして言った。

「ほら、追いかけてくる！　森へかくれなきゃ。きょうそうよ！」

そう言うと、アニーは、ひとりで、森のほうへ走っていってしまった。

夕日が、森のむこうにしずみはじめている。

「もうすぐ、日がくれちゃうよ」ジャックは、心配になってきた。

「アニー、もう帰ろう！」しばらく待っても、アニーはもどってこない。

「アーニー！」

すると、アニーの声がかえってきた。

「お兄ちゃん、ちょっと来てぇ！」

ジャックは、やれやれ、と思いながら、森の中へはいっていった。

木の葉が、夕日をあびて、金色にかがやいている。

「こっちよ、お兄ちゃん。早く！」

アニーは、大きなカシの木の下に立っていた。

「ほら、これ見て」アニーが指さしているのは、一本のなわばしごだった。

「うわー、なんて長いなわばしごなんだ！」

それは、ジャックの頭のはるか上、枝がふたつにわかれているところまで、つづいている。目をこらしてよく見ると、そこには、小さくて四角い、木の小屋がのっかっていた。

「ツリーハウスだ！」ジャックの心臓が、どきどきと高なった。

「あれは、ぜったい、世界でいちばん高いツリーハウスよ」と、アニー。

「こんなところに、ツリーハウスがあったなんて、知らなかったな」

ジャックは、小屋をじっと見上げたまま、つぶやいた。

「だれのツリーハウスなんだろう」

「ねえ、のぼってみない？」

「だめだよ。だれのものだか、わからないんだから」

「ちょっと、見るだけ」

アニーは、なわばしごをつかんで、のぼりはじめた。

「あぶないよ。おりておいで！」

アニーは、言うこともきかず、どんどんのぼっていく。やがて、ツリーハウスにたどりつき、するりと、中にはいってしまった。

「アニーってば！」いくら呼んでも、アニーはおりてこない。

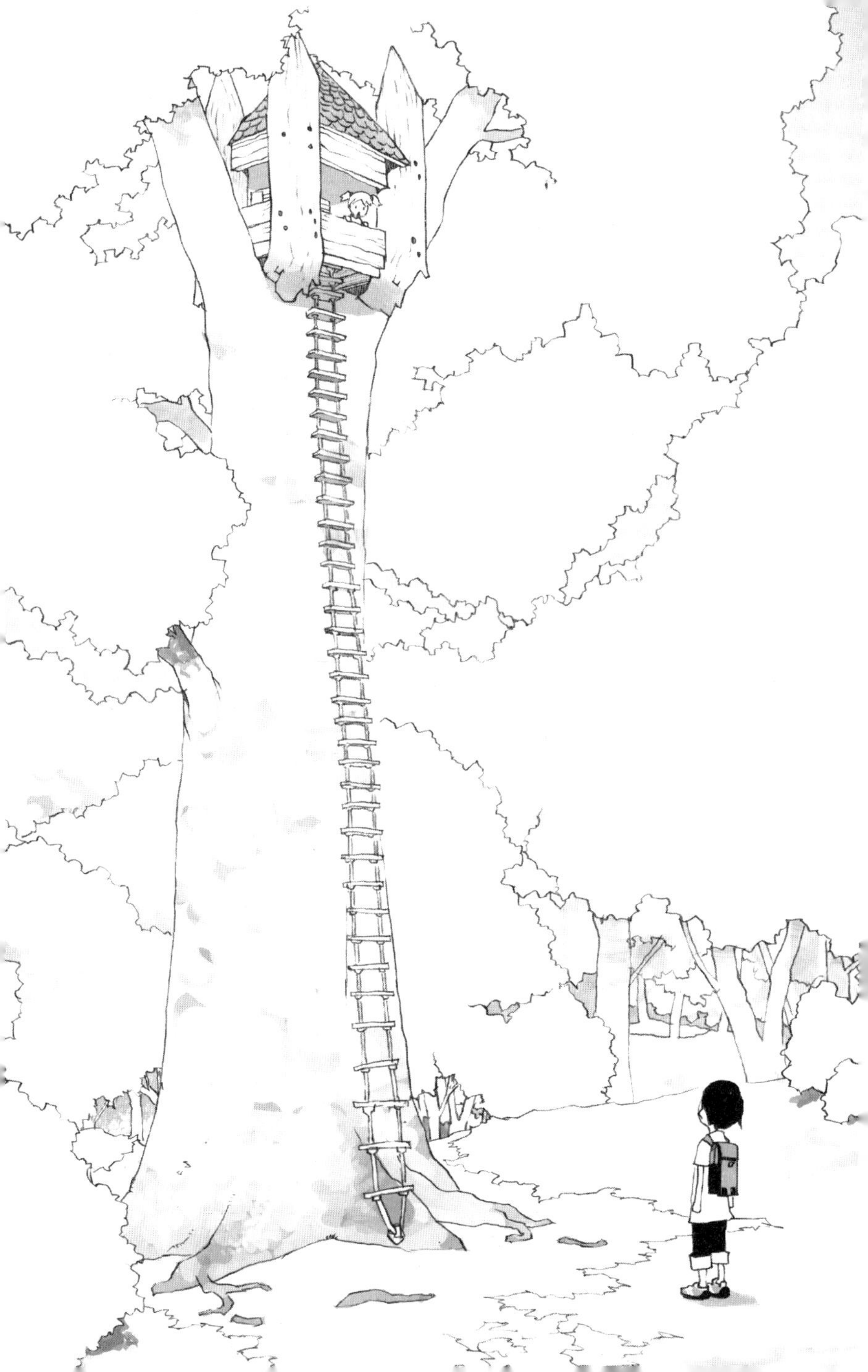

もういちど呼ぼうとしたとき、アニーが、ツリーハウスの窓から顔を出した。

「本がいっぱいよ！」

「なんだって？」

「おもしろそうな本が、いーっぱいあるの！」

えっ、本？　本があるなら、見てみたい……。

ジャックは、鼻先までずり落ちためがねをおしあげ、背中のリュックをたしかめると、なわばしごをにぎって、のぼりはじめた。

## 恐竜の図かん

ジャックが、ようやく、ツリーハウスにはいあがってみると、小屋の中は、ほんとうに、本でいっぱいだった。ほこりをかぶった古い本もあれば、ピカピカの、新しい本もある。

「ほら、見て。あんなに遠くまで見えるのよ」

アニーが、窓の外を指さした。

ジャックも、窓から、外をながめた。

このカシの木は、森のどの木よりも高いようだ。

ツリーハウスの窓からは、フロッグクリークの町が、ぜんぶ見わたせる。遠くに、さっきまでいた図書館が見えた。学校も、公園も見える。

「わたしたちのうちも、見えるわ。ほら、あそこ！」

「ああ、ほんとだ」

通りのむこうに見える、みどり色のポーチのついた、白い家がそうだ。

となりの家で飼っている、犬のヘンリーも小さく見える。

「ヤッホー、ヘンリー！」アニーが、さけんだ。

「しーっ！　ここにいるのが、バレたらまずいよ！」

そう言って、ジャックは、窓から顔を引っこめた。

それから、もういちど、小屋の中を見まわした。

「それにしても、こんなにたくさんの本、いったい、だれのだろう？」

ふと見ると、ほとんどの本に、しおりがはさんである。

「あっ、わたし、この本見たい！」

アニーが取りあげたのは、表紙にお城の絵がついている、古い本だった。

ペンシルベニア州のガイドブックもあった。ジャックは、それを手に取って、しおりのはさまっているページを開けてみた。

「へえ、フロッグクリークの町の写真だ」

図書館も、学校も、公園も、このツリーハウスの窓から見えるけしきと、そっくりの写真がのっている。

「それよりも、お兄ちゃんが見たいのは、こっちじゃない？」

アニーが、大きな本を指さした。

恐竜の図かんだ。ジャックは、思わずそれをひろいあげた。青い布のしおりがはさんである。

「だけど、かってに読んでもいいのかな？　だれの本か、わからないのに……」

しかし、アニーはもう、お城の本を広げて、楽しそうにページをめくっている。ジャックも、背中のリュックを床において、恐竜図かんを開いてみた。

しおりのはさんであるページに、翼竜プテラノドンの絵がのっていた。コウモリの羽のようなつばさを大きく広げて、空をゆうゆうと飛んでいる。ジャックは、プテラノドンのつばさを指でなぞりながら、うっとりとつぶやいた。

「ああ、本物のプテラノドンに、会ってみたいなあ……」

「キャーッ！」とつぜん、アニーが、ひめいをあげた。

「ど、どうしたんだ？」

「かいじゅうが！」

「またか。いいかげんにしろよ」

「うそじゃない。ほんとうにかいじゅうがいたのよ！」

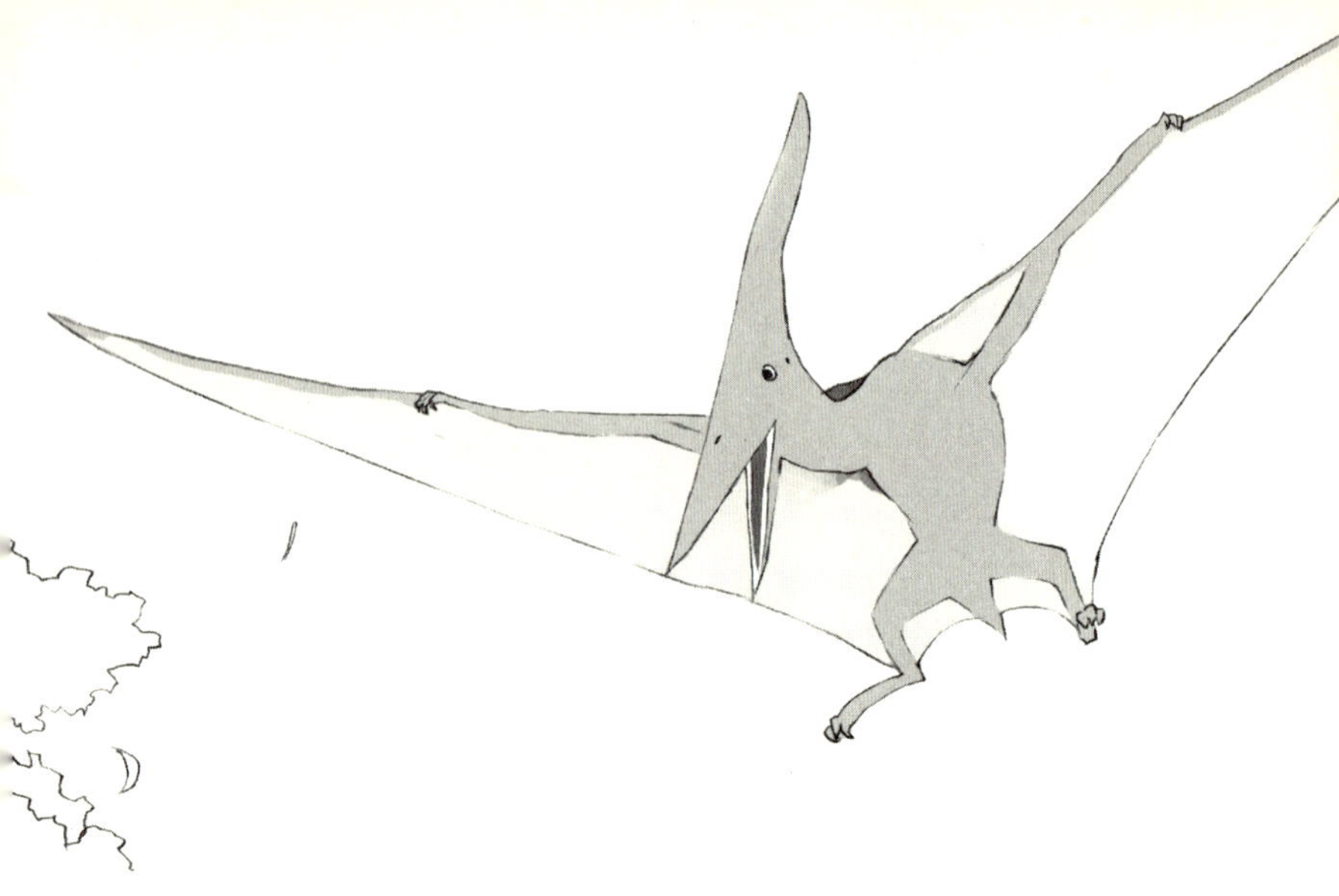

そのとき、巨大な生き物が、窓の外を横ぎった。長いくちばしに、長くとがったトサカ。大きな、コウモリの羽のようなつばさ。

「ほ、本物のプテラノドン!?」

ジャックは、窓へかけよって、外を見た。

プテラノドンが、フロッグクリークの森の上を飛んでいる。大きなつばさを動かすたびに風がおこり、木の枝が、ざわざわっと波うった。

ジャックは、プテラノドンをよく見ようと、窓から大きく身をのり出した。

そのときだった。

急に風が強くなったかと思うと、ツリーハウスがぐらりとゆれ、ゆっくりとまわりはじめた。

「こんどは、なんだ？」

「お兄ちゃん、あぶない！」

アニーが、ジャックのシャツを引っぱった。回転が、どんどんはやくなる。目がまわる。ジャックは、アニーにしがみついて、ぎゅっと目をつぶった。

「うわぁぁ！」――

と、とつぜん、なにもかもが止まって、静かになった。

なにも聞こえない。

ジャックは、おそるおそる目を開けた。

ツリーハウスの中のようすは、なにも変わっていなかった。窓からは、なにごともなかったかのように、夕日がさしこんでいる。アニーもぶじだし、本も、床においたリュックも、そのままだ。

ジャックは、ほーっとため息をついて、窓の外を見た。

そこは、フロッグクリークの森ではなかった！

## ここは、どこ!?

ジャックは、ふるえる手で、さっきまで見ていた恐竜図かんのページを開けた。外のけしきと、図かんの絵を、なんども見くらべてみる。

窓の外に広がっているのは、本の絵とまったくおなじけしきだった。

プテラノドンが、ゆうゆうと空を飛んでいる。地面には、巨大なシダや、背の高い草がはえている。丘があって、谷があって、川がうねって流れている。

遠くには、もうもうとけむりをあげる火山が見える。

「ここは、どこなんだ!?」ジャックが、あわてふためいて言った。

プテラノドンがまいおりてきた。ツリーハウスのある、カシの木の根もとまで来て、そのままじっとしている。

「なにが、おこったの？」アニーが聞いた。

「なにが、おこったんだろう」ジャックとアニーは、顔を見あわせた。

「アニーは、お城の本を見てただろう？　ぼくは、この図かんを見てた……」

「お兄ちゃんが、その絵を見ながら、『本物のプテラノドンに会ってみたい』って言ったのよ」

「そうだ。そしたら、本物のプテラノドンがあらわれたんだ」

「そして、急に風が強くなって、ツリーハウスが、ぐるぐるまわりはじめて……」

「止まったら、ここに来てた」

「止まったら、ここに来てたわ」アニーは、ジャックのことばをくりかえした。

「と、いうことは……」

「ということは、なに？」

「いや、そんなはずはない」ジャックは、首をふって、ひとりごとのようにつぶやいた。「そんなこと、ありえない。きっと、これは幻だ」

「じゃあ、あの子も幻だって言うの？」

ジャックとアニーは、窓の下に目をやった。カシの木の根もとに、プテラノドンが、大きなつばさを広げて立っている。

「おーい、こんにちは！」アニーが、大きな声で呼びかけた。

「しーっ！　ここにいることがバレたらまずいって、言っただろう」

「だれにバレるの？　それに、ここはどこなの？」

「それをいま、考えてるんだ」

「こんにちは！」アニーが、もういちど呼びかけた。プテラノドンが顔をあげた。「教えて！　ここは、どこなの？」

「なに言ってるんだ。あいつに、こたえられるわけがないじゃないか！

そうだ！　この図かんに、なにか書いてあるかもしれない」

ジャックは、プテラノドンの絵が出ているページを開いて、絵の下に書いてある説明を読みあげた。

> プテラノドンは、つばさをもったはちゅう類〝翼竜〟の仲間で、白亜紀という時代の生き物である。
> 恐竜とともに、やく六千五百万年前に絶滅した。

「ゼツメツって？」と、アニーが聞いた。

「地球じょうから、その仲間が一頭もいなくなってしまうことだよ」

ちょっと待った。そのプテラノドンが目の前にいるってことは、ここは、六千五百万年よりもっと前の世界だっていうのか？　そんなことありえない！

「お兄ちゃん。わたし、あの子に聞いてみる」

そう言って、アニーは、なわばしごをおりはじめた。

「やめろ！　アニー」

ジャックが止めるのもきかず、アニーは、さっさと地面におりていき、まるで仲よしの友だちに会うように、プテラノドンに近づいていった。

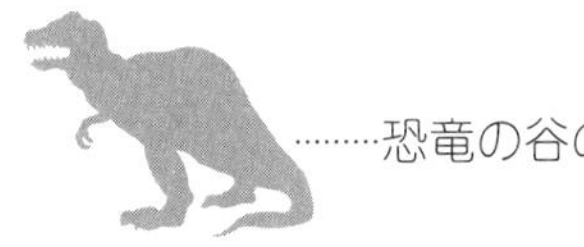

# 教えて、プテラノドン

アニーが、プテラノドンに手をのばしたのを見て、ジャックは息をのんだ。アニーは、だれとでも、すぐ友だちになりたがる。でも、あいつはやめておいたほうがいい。

「アニー、そんなに近づいちゃだめだ！」

ジャックがさけぶのもきかず、アニーは、プテラノドンに話しかけながら、トサカにさわったり、首をなでたりしている。

いったい、なにを話してるんだろう？

ジャックは、大きく息を吸いこんだ。よし、ぼくも行くぞ。行って、あの生き物を調べてみよう。そして、わかったことを記録するんだ。

ジャックは、そろそろと、なわばしごをおりた。ふりむくと、目の前にプテラノドンがいた。するどく、キラキラした目で、ジャックを見つめている。

「毛が、とってもやわらかいの。となりのヘンリーをさわってるみたいよ」

「アニー。そいつは、犬じゃないんだからな」

「お兄ちゃんも、さわってみたら？」

そう言われても、ジャックは、手が出せない。

「まよってないで、やってみてよ！」

ジャックは、おそるおそるプテラノドンに近づいた。手をのばし、首にふれてみる。ふしぎな感しょくだ。短い毛がびっしりはえていて、ビロードのようだった。

「ね、やわらかいでしょ？」と、アニーが言った。

ジャックは、リュックからノートとえんぴつを取りだして、書きだした。

みじかい毛がはえている。ビロードみたい

「なにしてるの？」と、アニーが聞いた。

「たしかめたことを、書いておくんだよ」書きながら、ジャックはつづけた。

「生きたプテラノドンをさわった人間は、世界じゅうで、ぼくたちがはじめてだよ。だって、翼竜や恐竜は、地球に人類が生まれる、ずーっと前に、絶滅してるはずなんだから」

ジャックは、プテラノドンをよく観察した。

頭の骨が、トサカのようにのびている。長さは、ジャックの腕よりすこし長い。くちばしは長くとがっていて、ペリカンにちょっとにている。

「知能は、どのくらいかな」

「頭はいいにきまってるわ」

「さあ、どうかな。こいつの脳みそは、豆つぶぐらいのはずだ」

「そんなことない。わたしにはわかるわ」それから、プテラノドンに向かって言った。

「そうだ、名まえをつけてあげる。〝ヘンリー〟っていうのはどう？」

ジャックは、アニーの言うことにかまわず、ノートに書きこんだ。

## のうは、小さそう

ジャックは、プテラノドンを、もういちど見て言った。

「こいつ、もしかしたら、突然変異かな」

「トツゼンヘンイ？　なにそれ」アニーが聞いた。

「ふつうの生き物から、とつぜん、形や性質が、まったくちがう子孫が生まれる、っていうことだよ」

そのとき、プテラノドンが首をふったので、アニーが笑って言った。

「ほら、トツゼンヘンイなんかじゃないって」

「じゃあ、こいつは、なんなんだ？　ここは、いったい、どこなんだよ！」

アニーは、プテラノドンに顔をよせて聞いた。

「ヘンリー、ここがどこなのか、教えてくれない？」

プテラノドンは、アニーをじっと見つめ、くちばしを開けたり閉じたりした。

まるで、巨大なはさみのようだ。

「わたしたちに、なにか、言おうとしているみたい」

ジャックは、アニーにかまわず、

**口は、はさみのよう**

と、ノートに書きこんだ。

アニーが、もういちど聞いた。

「ヘンリー、教えて。ここはどこ？　もしかしたら、恐竜の時代なの？」

そのとき、プテラノドンが頭をあげて、遠くを見るようなしぐさをした。その方向をふりかえったアニーが、はっとしてさけんだ。

「お兄ちゃん！　あそこ」

ジャックが顔をあげて、アニーの指さすほうを見た。

なんと、丘の上に、ずんぐりしたからだつきの、大きな恐竜がいるではないか！

## やさしい恐竜

「にげよう、アニー!」

ジャックは、リュックに、ノートとえんぴつをおしこむと、アニーを、なわばしごのほうに、ドンとおした。

「またね、ヘンリー」アニーが、ふりかえって言った。

「早く!」

ジャックにおされて、アニーはむっとしたが、それでも、なわばしごをのぼりはじめた。ジャックは、あせっているので、なかなかうまくのぼれない。

なんとかツリーハウスにたどりつくと、ふたりは、すぐに窓にかけよって、丘のほうを見た。

恐竜は、木の枝いっぱいに咲いた、モクレンの花を食べていた。

ジャックは、そのようすをぼうぜんと見つめていたが、やがて、がっくりと肩を落としてつぶやいた。

「ぼくたち、やっぱり、ほんとうに、恐竜の時代に来てしまったんだ」

丘の上の恐竜は、なんとなくサイににていた。目の上と鼻の上に、あわせて三本の角がある。それから、首のうしろに、えりのようなものが広がっている。

「あっ、あれは、トリケラトプスだ！」ジャックが思いだしてさけんだ。

アニーがそっと聞いた。「その、トリなんとかって、人間を食べる？」

「調べてみよう」ジャックは、恐竜図かんを開き、ページをめくった。

「あったぞ！」

ジャックは、トリケラトプスの絵を見つけて、説明を読みあげた。

> トリケラトプスは、白亜紀の終わりごろにいた恐竜で、
> 草や木などの葉を食べていた。

体重は五～六トン（五千～六千キログラム）あったと思われる。

ジャックは、パタンと本を閉じて言った。

「トリケラトプスは、草や木の葉っぱを食べるけど、人間や動物は食べないみたいだ」

「じゃあ、会いにいってみない？」

「じょうだん言うなよ！」

「たしかめたくないの？　生きたトリケラトプスに会った人間は、きっと、世界じゅうで、わたしたちがはじめてよ」

たしかに、アニーの言うとおりだ。

「……わかったよ」ジャックは、恐竜図かんをリュックに入れてせおった。

なわばしごをおりるとちゅう、ジャックは足を止めて、アニーに注意した。

「言っとくけど、あの恐竜は、ぜったいに、なでたりするなよ！」

「わかった」

「だきついたり、キスしたりもしないこと！」

「わかった」

「かってに名まえをつけたり、話しかけたり――」

「わかったから、早く行ってよ」

ジャックとアニーは、地面におりた。

プテラノドンが、そのようすを、じっと見まもっている。アニーが、プテラノドンに手をふって、さけんだ。「ヘンリー、おるすばんしててね！」

「しーっ！」、ジャックが、口に指をあてて注意した。

ジャックが先にたって歩き、そのあとを、アニーがついていった。ふたりは、巨大なシダや背の高い草のあいだを、しのび足で進んだ。

丘の下まで来て、ジャックが、大きなしげみのかげにかくれると、アニーも、そのとなりにしゃがみこんだ。アニーはなにか言おうとしたが、ジャックにま

た「しーっ！」と言われてしまった。

しげみのすきまから、トリケラトプスが見える。信じられない大きさだ。ダンプカーより大きい。モクレンの花をムシャムシャ食べている。

ジャックは、ノートを取りだして書きこんだ。

### 花も食べる

アニーが、ジャックをつついたが、ジャックは、かまわず観察をつづけた。

### ゆっくり食べる

アニーはもういちど、ジャックをつついた。ジャックがふりかえると、アニーが、身ぶり手ぶりで、なにか言っている。自分を指さし、つぎに恐竜を指さして、にっこり笑った。

ジャックには、さっぱり意味がわからない。どうせ、またふざけているのだろうと思って、ほうっておくことにした。

すると、アニーが、いきなり立ちあがった。

ジャックは止めようとしたが、アニーは、いきおいよく、しげみからとび出した。でも、つぎのしゅんかん、草の上に、ころんでしまった。

「あーっ！」ジャックは、思わず目をおおった。あれでは、トリケラトプスから、まる見えだ！

「アニー、早くもどってこい！」ジャックが、声をおさえて呼んだ。

そのとき、トリケラトプスが、アニーに気づいた。口にモクレンの花をくわえたまま、じっとアニーを見ている。

ジャックは、思わず大声を出した。「早く、もどってこい！」

アニーが、ふりかえって言った。「ねえ、やさしい恐竜みたいよ！」

「なに言ってるんだ。角が三本もあるんだぞ。つきさされたらどうする！」

「だいじょうぶ。やさしい恐竜だってば」

トリケラトプスは、だまってアニーを見つめていたが、やがて、ゆっくりと向きを変えると、かるい足どりで、丘をおりていってしまった。

「バイバーイ！」アニーは、トリケラトプスに手をふると、ジャックをふりかえった。

「ね？」

ジャックは、しぶしぶ、ノートに書きこんだ。

わりと、やさしい

「わたし、もっとむこうのほうに、行ってみたいわ」そう言うと、アニーはさっさと歩きはじめた。ジャックも、あわてて、あとについていこうとした。

そのとき、草のなかに、キラリと光るものが見えた。

「なんだろう？」ジャックは、草をかきわけてみた。

大きな金のメダルだった。ひろいあげてよく見ると、「M」という文字がほってある。それもかざりのついた、おしゃれなMだ。

恐竜の時代に、メダルが落ちているってことは、どういうことだろう——。

ジャックは、メダルをにぎりしめて、つぶやいた。

「ぼくたちの前に、ここに来た人間がいる、ってことだ！」

# アニー、あやうし！

「アニー、おもしろいものを見つけたぞ！」ジャックがさけんだ。

アニーは、丘の上で、モクレンの花をつんでいる。

「見ろよ！　こんなメダルが落ちてたんだ！」

でも、ジャックの声は、アニーの耳にはとどかなかった。アニーは、丘のむこうに、なにかを見つけたようだった。

「わあ、かわいい！」アニーは、モクレンの花を持ったまま、丘のむこうがわへ、かけおりていってしまった。

「アニー、もどってくるんだ！」

そう言われて、もどってくるようなアニーではない。

「あいつ、おぼえてろよ！」ジャックは、ぶつぶつ言いながら、ジーンズのポケットにメダルをおしこんだ。

そのとき、アニーのひめいが聞こえた。

つづいて、ブォーッという、巨大なラッパを吹いたような、低い音がひびきわたった！

「アニー、どうした！」

「お兄ちゃん！　助けてぇ！」

ジャックは、リュックをつかむと、丘をかけあがった。

丘の上から、むこうの谷を見おろしたジャックは、思わず息をのんだ。

谷には、恐竜の巣がたくさんあって、どれも、小さな恐竜の赤ちゃんでいっぱいだった。

アニーは、巣と巣のあいだにうずくまっている。そのうしろに、大きな恐竜が、アニーにおおいかぶさるように立っているではないか！

口が、アヒルのくちばしのような形をしている。たしかあれは、カモノハシ竜の仲間の、アナトサウルスだ！　さっきのラッパのような音は、この恐竜が、おこってほえていたのだ。

「おちつけ、アニー！　いま行くから！」

ジャックは、できるだけ静かに、アニーのほうへ近づいていった。すると、アナトサウルスが前足をもちあげて、またブォーッとほえた。これ以上は近づけない。ジャックは腰をかがめて、アニーに合図した。

「アニー、そうっと、こっちへ来るんだ」

アニーが立ちあがろうとしたので、ジャックはあわてて言った。

「立っちゃだめだ！　ゆっくり、はってくるんだ！」

アニーは、モクレンの花を持ったまま、ジャックのほうへ、そろそろとはい

そして、もっとちょうだい、とでもいうようなしぐさをしている。

「もうないのよ」

アナトサウルスは、かなしそうな声をあげた。

「丘の上に行けば、もっとあるわ。わたし、とってきてあげる！」

アニーは、丘をかけあがった。うしろから、ドシン、ドシンと、アナトサウルスがついていく。

いったい、どうなってるんだ……。

ジャックは、気をとりなおして、巣を調べてみることにした。

アナトサウルスの巣は、地面に土をもりあげ、まん中を、丸くほりさげて作ってある。たまごから出て、もう巣の外へはいだしている赤ちゃん恐竜もいる。

それにしても、ほかの母さん恐竜は、どこへ行っちゃったんだろう。

ジャックは、リュックから恐竜図かんを取りだして、アナトサウルスのページを読んだ。

アナトサウルスは、なん組かの親子が、いっしょに子育てをする。一～二頭の母親が巣をまもり、そのあいだに、ほかの母親が、えさをとりにいく。

ということは、ほかの母親たちも、近くにいるっていうことだ。

「お兄ちゃーん！　ねえ、見て！」

見ると、アナトサウルスは、すっかりアニーにうちとけて、モクレンを食べさせてもらっていた。

「これも、いい恐竜ね！」アニーが、はしゃいで言った。

すると、とつぜん、アナトサウルスが、ブォーッとほえ声をあげた。

アニーは、おどろいて地面にふせた。ジャックは、図かんとリュックをほうりなげて、丘の上のアニーのところへ走った。

ところが、アナトサウルスは、ふたりには目もくれずに、巣のある谷のほうへ、もどっていってしまった。

なんだか、とてもあわてているようだ。

「どうして、急に行っちゃったのかしら」と、アニーがざんねんそうに言った。

そのとき、うしろのほうから、ズシン、ズシンと、かすかな音が聞こえてきた。ジャックが、あたりを見まわした。

ずっと遠くの野原のほうから、なにかがこっちへやってくる。

ジャックは、心臓がこおりつきそうになった。

おそろしい顔をした、巨大な恐竜だ。長くて太いしっぽを、右に左にゆらしながら、二本の足で歩いてくる。短い前足を、からだの前でぶらぶらさせている。

大きな頭。あごまでさけた口。長くてするどい歯が、ギラギラと光っている。

ジャックが、ふるえる声でつぶやいた。

「きょ、恐竜の王者、ティラノサウルスだ！」

# だいじなわすれもの

「にげろ、アニー！　ツリーハウスへもどるんだ。いそげ！」

ジャックとアニーは、全速りょくで丘をかけおりた。背の高い草をかきわけ、シダのしげみをぬけ、プテラノドンの前をかけぬけ、なわばしごをよじのぼった。

先に小屋についたアニーが、窓のところへかけよった。

「ああ、だいじょうぶ……。あっちへ……行く」

アニーが、息をはずませて言った。

ジャックも、ずり落ちためがねをなおして、外を見た。ティラノサウルスの背中が、遠ざかっていくのが見えた。……と思ったのもつかのま、ティラノサウルスは、またこっちを向いて、グワァッと口をあけた。

「かくれろ！」ジャックがさけんで、ふたりは、いそいで頭をさげた。

しばらくして、おそるおそる顔をあげてみると、ティラノサウルスのすがたは、見えなくなっていた。

「ああ、あぶなかった」ジャックがつぶやいた。

「早く、ここから脱出しなくちゃ。でも、どうやって……」

「ここに来たときと、はんたいのことをすれば？」と、アニー。

「はんたいのこと？」

「『プテラノドンに会いたい』って言ったら、ここに来たんだから、こんどは、『帰りたい』って言えばいいのよ」

たしかにそうだ。ジャックがさけんだ。

「フロッグクリークに、帰りたい！」

しかし、なにもおこらない。おかしい。

ジャックが、もういちどさけぼうとしたとき、アニーが言った。

「待って。さっきは、恐竜の本を見ながら言ったわ」

恐竜の本！

「しまった！　恐竜図かんとリュックを、谷にわすれてきた！」

「いいじゃない、おいてっちゃえば」

「だめだよ。ぼくの本じゃないし、リュックには、だいじなノートがはいってるんだ」

そう言うが早いか、ジャックはなわばしごをおり、地面に飛びおりた。プテラノドンの前を通り、シダのあいだをぬけ、背の高い草むらを通って、いっきに丘をかけあがった。

見おろすと、アナトサウルスの巣のそばに、リュックと恐竜図かんがあった。ところが、谷には、なんと十頭ものアナトサウルスが集まってきていた。さっきの母さん恐竜が、危険を知らせて、仲間を呼びもどしたのだろうか。

ぐずぐずしているひまはない。ティラノサウルスが、いつもどってくるか、わからないのだ。

ジャックは、大きく息を吸いこんで、「よーし、行くぞっ！」とさけぶと、リュックめがけて、丘をかけおりた。本をつかみ、リュックをひろいあげる。

そのとき、アナトサウルスが、つぎつぎにほえはじめた。頭がわれるような、巨大ラッパの大がっそうだ。

ジャックは、まわれ右をすると、いちもくさんに、いま来た丘をかけあがった。あとは、ツリーハウスに向かって、つっ走るだけだ！

――と、思ったが、そうはいかなかった。

あのティラノサウルスが、いつのまにか、もどってきていたのだ！

# ティラノサウルスに見つかった！

ジャックは、とっさにモクレンの木のかげにかくれた。心臓が、いまにもとび出しそうだ。頭のなかがまっ白で、なにも考えられない。

木のかげからのぞくと、ティラノサウルスは、血ばしった目をギラギラさせて、あたりをうかがっている。大きく開いた口の中に、ほうちょうのような歯が、ぎっしりならんでいるのが見えた。

「お、おちつけ。おちついて、考えるんだ」

ジャックは、自分に言いきかせた。

そうだ！　図かんを見たら、なにかわかるかもしれない。ジャックは、ふるえる手で、ページをめくった。

ティラノサウルスは、白亜紀の終わりごろにあらわれた恐竜で、地球はじまっていらい、もっとも強い肉食動物である。いまの時代に生きていたら、人間などひと口で食べられてしまうだろう。

なんて役に立つ情報だ！

でも、これでは、どうすれば助かるのか、ちっともわからないじゃないか！本がだめなら、自分の頭で考えるしかない。

まず、谷には、アナトサウルスが集まって、けいかいしている。もどるのは危険だ。といって、ツリーハウスまで走れば、ティラノサウルスにつかまって、あっという間に食べられてしまうだろう。

こうなったら、ティラノサウルスが行ってしまうまで、じっと、かくれているしかない。

ジャックは、しゃがみこむと、木のかげからティラノサウルスのようすをうかがった。
――ダメだ！　こっちに向かって歩いてくる！

そのとき、ティラノサウルスのむこうに、アニーのすがたが見えた。なわばしごをおりようとしている。

あいつ、なにをするつもりだ？

アニーが地面に飛びおりた。プテラノドンのところへ走りよって、話しかけている。腕を広げて、羽ばたきをしてみせている。ジャックのほうを指さし、空を通って、ツリーハウスを指さした。

なにやってんだ、あいつ！

ジャックは、思わず立ちあがった。

「アニー、あぶないから、中にはいってろ！」

とつぜん、耳をつんざくような、おそろしい声がひびいた。ティラノサウルスがこっちを見ている！　ああ、しまった！

ジャックは、頭をかかえて地面にしゃがみこんだ。

ティラノサウルスが、地ひびきをたててやってくる。

走ってにげても、追いつかれる。谷へもどれば、アナトサウルスの群れが、いっせいにあばれだすかもしれない。

ああ、どうしたらいいんだ！

そのとき、ジャックの頭の上を、大きなかげが横ぎった。ジャックは空をあおいだ。

プテラノドンだ！　プテラノドンが、ジャックのところへやってきたのだ。

# ジャック、空を飛ぶ

地面にまいおりたプテラノドンは、キラキラした、するどい目で、ジャックを見た。

ぼくに、どうしろというんだろう。乗れ、と言っているように見えるけど、でも、ぼくが乗ったら、重すぎて飛べないんじゃないか？

〝まよってないで、やってみて！〟さっきのアニーの声が、聞こえたような気がした。

ティラノサウルスは、もう、すぐそこまでせまって来ている。大きな歯が、ギラリと光った。

よし、まよってないで、やってみよう！

ジャックは、プテラノドンの背中によじのぼり、首にしがみついた。

プテラノドンが走りだした。大きなつばさを広げると、からだがふわりと宙にういた。はじめ、右に左に大きくゆれて、ジャックは、あやうく落ちそうになったが、プテラノドンはすぐにバランスをとりもどし、空高くまいあがった。

下を見ると、ティラノサウルスが空に向かって、口をグワッとあけていた。

ジャックを乗せたプテラノドンは、丘をひとまわりして、谷の上をすべるように飛んだ。たくさんのアナトサウルスが、巣の中の赤ちゃんを、まもっているのが見えた。

谷のむこうの草原では、さっきのトリケラトプスが草を食べている。

すごいぞ！　恐竜の国の大冒険だ！

ジャックは、鳥になった気ぶんだった。あまいかおりの、気もちのいい風が、ほおをなでていく。

「ヤッホー！」ジャックはうれしくなって、さけんだ。翼竜の背中に乗って、空を飛んでいるなんて、ほんとうに夢のようだ！

やがて、プテラノドンは、川をこえ、シダのしげみをこえて、ゆっくりと、カシの木の根もとにまいおりた。

ジャックが、地面にすべりおりると、プテラノドンは、すぐにまた空へ飛びたっていった。ジャックは、ずり落ちためがねをなおすと、プテラノドンを見上げて、つぶやいた。

「ありがとう……ヘンリー」

「お兄ちゃーん、だいじょうぶ？」と、木の上から、アニーがさけんだ。

ジャックは、息をはずませながら、こたえた。

「アニー、助けてくれてありがとう。すばらしい冒険飛行だったよ！」

でも、ジャックの足は、がくがくして力がはいらない。もたもたしていると、アニーがさけんだ。

「早くのぼってきて！　あの恐竜がこっちへ来るわ！」

ふりかえって見ると、ティラノサウルスが、ものすごい顔で突進してくる！

ジャックは、あわてて、なわばしごに足をかけた。

「早く、早く！」

アニーが声をかけるが、あせればあせるほど、足がもつれて、のぼれない。

やっとのことで、ツリーハウスにたどりついたとたん、ドシーンという音がして、カシの木が大きくゆれた。ジャックとアニーは、たくさんの本のなかに、頭からつっこんだ。

アニーがさけんだ。

「本がいるんだ。フロッグクリークの写真がのってる本だよ！　どこだ！」

ふたりは、ペンシルベニア州の本をさがした。床の下から、ティラノサウルスのおたけびが聞こえる。本は、いったいどこなんだ！

あった！　ジャックは、いそいでページをめくり、フロッグクリークが出ているページを見つけると、写真に指をおしつけて言った。

「フロッグクリークに、帰りたい！」

風が、静かに吹きはじめた。

「いそいで！」ジャックがさけんだ。

風が、ピューピューと音をたてはじめ、ツリーハウスがまわりはじめた。回転がどんどんはやくなる。ジャックはアニーにしがみついて、ぎゅっと目をつぶった。

とつぜん、なにもかもが止まり、静かになった。

なにも聞こえない。

# ふたりだけの秘密

小鳥の鳴き声が聞こえて、ジャックは、目を開けた。窓の外をのぞいてみる。

まちがいなく、フロッグクリークの森だ。

「帰ってきたんだわ」と、アニーが言った。

夕日が、森のむこうにしずもうとしていた。

ということは、あれから、ぜんぜん時間がたっていないのか？

ジャックは、くらくらする頭で考えた。いったい、なにがおこったんだろう。

「……ジャーック、……アーニー」遠くで、ふたりを呼ぶ声が聞こえた。

「ママだわ！」

ママが、家の前に立っているのが、小さく見える。

「……アーニー、ジャーック」

アニーは、窓からのり出してさけんだ。

「ママー！　ここよォ！」

ジャックは、ひとりで考えこんでいた。

「ねえ、アニー。いったい、なにがあったんだと思う？」

「恐竜の国に行ってきたんでしょ？」アニーは、あっさりとこたえた。

「でも、ぜんぜん時間がたっていないんだよ。そのあいだに、どうやってあんな遠いと

ころへ行けたんだろう」

「お兄ちゃんが、『プテラノドンに会いたい』って言うから、このツリーハウスが連れていってくれたのよ。これは、魔法の小屋〝マジック・ツリーハウス〟なのよ」

「マジック・ツリーハウス？　そんなもの、いったいだれが作ったって言うんだ？」

「魔法使いよ」

「魔法使いなんか――」

そのとき、ジャックは、金のメダルをひろったことを思いだした。ジーンズのポケットをさぐると、メダルはちゃんとそこにあった。

「これ、恐竜の丘でひろったんだ。だれかが落としたらしい。ほら、Mの字がほってあるだろう？」

アニーが、目を丸くして言った。

「これ、魔法使いが落としたんじゃない？」

「まさか。でも、すくなくとも、ぼくたちの前に、あそこへ行った人間がいた、っていうことだよ」

「……ジャーック、アーニー！」

「いま、帰りまーす！」アニーが、もういちど、窓からのり出してさけんだ。

ジャックは、メダルをポケットにしまうと、リュックから恐竜図かんを出して、ほかの本のなかに返した。

アニーは、ツリーハウスに向かって、「バイバイ、またね」と、声をかけた。

ふたりは、もういちどツリーハウスの中を見まわして、なわばしごをおりた。

カシの木の下から、ツリーハウスを見上げて、ジャックが言った。

「こんなこと、だれも信じてくれないだろうな」

「だから、だれにも言わないでおきましょうよ」アニーはけろっとしている。

「パパも、信じないだろうな」

「夢でもみたんだろう、って、言うわ」

「ママも、信じないだろうな」

「にこにこ笑って、聞いてくれるかもしれないけど」

「先生も、信じないだろうな」

「本のなかのお話だろう、って、言うわ」

しばらくだまってから、ジャックが言った。

「だれにも、言わないほうがいいね」

「だから、そう言ったでしょ」

ジャックは、ため息をついた。

「なんだか、自分でも、信じられなくなってきたよ」

ふたりは森をぬけて、道路に出た。

いつものけしきのなかを歩いていると、恐竜の時代に行ってきたことなど、ますます夢のような気がしてくる。

ジャックは、もういちどポケットに手を入れた。ひろったメダルが手にふれた。ジャックは、メダルをにぎりしめ、Mの文字をなんどもなぞった。

夢じゃない。

このメダルは、ほんとうに、恐竜の丘で見つけたんだ。

ジャックは、だんだん、ゆかいな気もちになってきた。

おとなは、だれも信じないだろうけど、きょう、あのツリーハウスでおこったことは、現実だ。

ふたりは、ほんとうに、恐竜の時代に行ってきたんだ！

ジャックはアニーに言った。

「あした、また、森へ行ってみよう」

「もちろん」

アニーがこたえた。

「そして、あのツリーハウスに、のぼってみよう」

「もちろん！」

「また、信じられないようなことがおこるかな！」

「もちろん！　マジック・ツリーハウスだもの」

アニーが言った。

「お兄ちゃん、うちまで、きょうそうよ！」

ふたりは、街灯がともりはじめた通りを、なつかしいわが家めざして走っていった。

# [第2話] 黒い馬の騎士

くろいうまのきし

# 夜明けまえの森

その夜、ジャックは、ぜんぜんねむれなかった。

めがねをかけ、時計を見た。まだ五時だ。起きるには早すぎる。

きのうは、ふしぎなことがたくさんあった。

ジャックは、まくらもとの明かりをつけて、ノートを手に取った。ベッドにはいる前に、きのうのできごとを書きとめておいたのだ。


森で、ツリーハウスを見つけた。

ツリーハウスの中に、本がたくさんあった。

恐竜図かんのプテラノドンの絵を指さして、

「会いたい」と言ったら、
恐竜の時代に行ってしまった。
ペンシルベニア州のガイドブックの
フロッグクリークの写真を指さして、
「帰りたい」と言ったら、
フロッグクリークにもどってきた。

こんな話、いったいだれが信じるだろう。ママもパパも、笑って、本気にはしてくれないだろう。ワトキンズ先生は、こう言うにちがいない。

「ジャック。本の世界を楽しむのはいいが、現実とは、くべつしなさい」

でも、夢じゃない。妹のアニーも、いっしょに恐竜の時代に行ったのだ。

この話は、とうぶん、アニーとふたりだけの秘密だ。

そのとき、ドアがすこし開いて、アニーの顔がのぞいた。

「お兄ちゃんも、ねむれないの？　わたしもよ」

そう言いながら、部屋にはいってくると、ベッドに腰かけた。

そして、ベッドの横においてある、ジャックのノートを見て、言った。

「ひろったメダルのことは、書かないの？」

ジャックは、ノートを受けとると、だまって書きくわえた。

## 恐竜の丘で、メダルを見つけた

「魔法使いのことは？」

「ぼくは、魔法使いなんて信じないよ」

「じゃあ、あのツリーハウスを作ったのは、いったい、だれだって言うの？

わたしたちを恐竜の時代に連れていってくれたのは、魔法のツリーハウスよ。

だから、魔法使いにきまってるわよ」

「とにかく、ぼくは、自分の目でたしかめたことしか、書かないんだ」

「じゃあ、いますぐ、行ってみましょうよ。ほんとうに魔法使いがいるかどうか、たしかめに」

「なに言ってるんだ。まだ夜明けまえだぞ」

「いいじゃない。寝ている魔法使いに会えるかもしれないわ」

「いいよ、会えなくても」

ジャックは心配だった。もし、ほんとうに魔法使いがいたとしても、いい魔法使いとはかぎらないし、へそまがりかもしれない。だとすれば、ジャックたちが、かってにツリーハウスにあがりこんで、恐竜の時代へ行ったことがわかったら、なにをされるかわからない。

「わたしは行くわ」アニーは、そう言って立ちあがった。

ジャックは、窓のカーテンを開けて、外を見てみた。もうすぐ夜が明ける。しかたがない。行ってみるか。

「じゃあ、着がえておいで。うら口から出よう。そっと行くんだぞ」

「やった！」アニーが、しのび足で部屋を出ていった。

ジャックは、ジーンズとトレーナーに着がえ、ノートとえんぴつをリュックに入れると、音をたてないように気をつけながら、階だんをおりた。

アニーは、もう、うら口で待っていた。

「じゃーん！　魔法のつえよ！」

アニーが、いきなり、かいちゅう電灯の光をジャックに向けたので、ジャックは、むっとして言った。

「しーっ！　パパやママが起きるじゃないか。そいつを消せよ！　だれかに見つかったら、どうするんだ」

アニーは、おとなしく、かいちゅう電灯を消し、ズボンのベルトにはさんだ。

夜明けまえの空気はひんやりしていた。

となりの犬がほえたが、アニーが小声で「ヘンリー、静かに！」と言うと、ほえるのをやめた。なぜだろう？　動物はみんな、アニーの言うことをきく。翼竜のプテラノドンでさえ、そうだった。

しばふにおりたつゆが、街灯に照らされて、光っている。

「走ろう」ジャックが言って、ふたりは、森をめざして走り出した。

森は、まだひっそりと静まりかえっていた。

ふたりは、かいちゅう電灯の明かりをたよりに、まっ暗な森の中にはいっていった。やみのなかから、いまにもおばけが出てきそうで、ジャックは、ふるえながら、アニーについていった。

とつぜん、明かりが消えた。と、思うと、アニーが、かいちゅう電灯で自分の顔を照らして、「ばぁっ！」とふりかえった。ジャックは、おどろいて飛びあがった。

「アニー！　ふざけるのも、いいかげんにしろよ！」

ジャックは、アニーをにらみつけて言った。

「ごめんなさーい」

アニーは、夜明けまえの森を、楽しんでいるみたいだ。

そのうち、かいちゅう電灯を上に向け、木々のあいだを照らしはじめた。

「なに、やってるんだ？」

「きまってるでしょ。ツリーハウスをさがしてるのよ」

光の動きが止まった。暗やみのなかに、小さな小屋がうかびあがった。森でいちばん高い木の上にある、魔法のツリーハウスだ。

アニーが、ツリーハウスから下がる、なわばしごを照らした。ほんとうに、長いなわばしごだ。

「わたし、のぼってみる」

「ちょっと、待てよ！」ジャックは、あわてて止めようとした。

「中にだれかいたら、どうするんだよ」

しかし、アニーは、ジャックにかまわず、かいちゅう電灯を持ったまま、なわばしごをのぼっていってしまった。

ジャックは、暗やみにひとりのこされた。

# 中世のお城の本

「だれもいないわよ！」

まっ暗な木の上から、アニーの声がした。

ジャックは、よほど家に帰ってしまおうかと思ったが、あの、たくさんの本が気になってしかたがない。

なわばしごを、よじのぼっていくうちに、遠くの空がうっすらと明るくなっているのに気がついた。夜が明けはじめたのだ。

しかし、ツリーハウスの中は、まだ、まっ暗だった。

アニーが、かいちゅう電灯で、床につまれた本を照らしている。

恐竜の図かんが、あった。ふたりを恐竜の時代へ連れていってくれた本だ。

ペンシルベニア州のガイドブックもある。しおりがはさまっているページには、フロッグクリークの写真がのっている。この本のおかげで、ふたりは、この森に帰ってこられたのだ。

「ああ、あったわ。これをさがしてたの」

アニーが、中世のお城の絵のついた、古い本を見つけだした。青い革のしおりがはさんである。きのうも見ていた本だ。

アニーは、しおりがはさまっているページを開いて、かいちゅう電灯の光をあてた。黒い馬に乗ったりっぱな騎士が、お城に向かっている絵がある。

ジャックは、はっとした。

「アニー、やめろ！　本を閉じろ！」

アニーが、本のなかの騎士を指さした。

「やめろってば！」

「この騎士に会いたい！」

「会いたくない！」ジャックは、大いそぎでさけんだ。

そのとき、すぐ近くで、なにかが聞こえた。

ヒヒーン！　馬のいななく声だ。ふたりはおどろいて、窓のほうをふりかえった。アニーが、かいちゅう電灯で森を照らすと、そのなかを、りっぱなよろいを着て、かぶとをかぶった騎士が、黒い馬に乗って、歩いてくる。

「ああ、もう……」ジャックは、頭をかかえた。

「絵の騎士だわ！　すてき！」アニーは大よろこびだ。

風が吹きはじめた。木の葉がざわざわ鳴っている。

きのうと、まったく同じだ。

「出発よ」アニーが、はしゃいで言った。「お兄ちゃん、すわって！」

風はますます強くなり、木の枝がはげしくゆれる。やがて、ツリーハウスが回転をはじめ、ものすごいスピードでまわりはじめた。

とつぜん、なにもかもが止まって、静かになった。

なにも聞こえない。


ジャックは、そっと目を開けた。

空気がつめたくて、しめっぽい。背中がぞくぞくする。

ヒヒーン！　窓の下から、また、馬のいななきが聞こえた。

「ついたわ」アニーが、お城の本を持ったまま、うきうきして言った。窓の外を見ると、霧のなかに、大きなお城がうかびあがっている。

ツリーハウスの下を、黒い馬に乗った、あの騎士が通りすぎていく。

ジャックが、ペンシルベニア州の本をつかんで言った。

「とにかく、いちど帰ろう。帰って、よく考えてからにするんだ」

ジャックは、しおりがはさまったページを開き、フロッグクリークの写真に指をのせた。

「待てよ」ジャックはあわてて止めた。

「ちょっと、のぞいてみるだけよ」

ジャックの負けだった。

妹ひとりをおいて、帰るわけにはいかない。それに、じつを言うと、ジャックも、この時代のお城のようすを、すこし、のぞいてみたかったのだ。

ジャックは、お城の本をリュックに入れて、つめたい霧のなかへと、おりていった。

# アニーがいない！

ジャックがなわばしごをおりると、アニーが、カシの木の下で待っていた。

「騎士は、あの橋のほうへ行ったわ。あそこが、お城の入り口みたいよ」

「本で調べてみよう。かいちゅう電灯をかして」

ジャックは、お城の本を取りだし、革のしおりがはさんであるページを開けて、かいちゅう電灯で照らした。騎士の絵の下に、こう書いてある。


いまから、九百年ほどむかし、ヨーロッパの騎士たちは、修行のために、よろいかぶとを身につけて、旅をした。

よろいやかぶとはとても重く、かぶとだけでも十八キログラムほどあった。

城でおこなわれる行事のために、遠くまでかけることもあった。

十八キログラムといえば、ジャックが五歳のころの体重だ。騎士たちは、五歳の子どもを頭にのせて、旅をしているようなものだったのか。

ジャックは、リュックからノートを取りだした。あとでくわしく調べたいことや、たしかめたいことを、書きとめておくのだ。

## ほんとうに、かぶとは、重かったのか？

ジャックは、さらに、本のページをめくった。

お城ぜんたいの絵が出ているページを、見つけた。

王やりょう主が住むたて物は、高いじょうへきで囲まれている。その外がわに、けらいの家や、教会や倉庫があり、さらにその外がわを、もうひとつのじょうへきが、とり囲んでいる。中世のお城は、王やりょう主の住まいというより、たたかいの基地のようなものだったらしい。

アニーが、あわてて言った。

「あの騎士が、橋をわたっていくわ。いま、門をくぐった。ああ、見えなくなっちゃった」

ジャックは、橋の絵が出ているページをさがして、説明を読んだ。

じょうへきのまわりの堀には、水がはってあり、つりあげ橋がかかっていた。

敵が来たら、橋をつりあげて、堀をわたれないようにしたのである。

堀では、ワニを飼っていた、という説もある。

ジャックは、ノートに書いた。

**お堀には、ワニがいた？**

「見て！」アニーが、霧のなかを指さした。「風車よ。ほら、あそこ！」

「うん、ほんとだ」ジャックは、本のなかの絵を見ながら、言った。

「お兄ちゃんたら！　本の絵じゃなくて、本物を見たら？」

そのとき、かん高い声がひびいた。

「なんの声かしら？　あの小屋から、聞こえたみたいだけど」

アニーが、声の聞こえてきた小屋のようすを、うかがった。

「あれは、きっと、タカ小屋だよ」ジャックは、本から目をあげずに言った。

本には、こう書いてある。

> 内がわと外がわのじょうへきのあいだには、いろいろなたて物があった。タカ小屋もそのひとつで、タカを訓練して、ほかの鳥や小さな動物をとらせていた。

ジャックはノートに書きこんだ。

## タカを、かっていた？

「なるほど。ぼくたちは、いま、内がわと外がわのじょうへきのあいだに、いるらしい」

「お兄ちゃん、聞こえる？」アニーが、耳をすました。

「たいこやラッパの音よ。お城から聞こえてくるわ。行ってみましょう！」

「いや、もうちょっと、本で調べないと……」

本から目をあげないジャックを見て、アニーは言った。

「本を読むのは、どこでだってできるでしょ。わたしは、いま、このお城で、なにをやってるのか、見にいきたいの！」

「まあまあ、これを見てごらんよ」

ジャックが、本の絵を指さした。

大きな部屋で、たくさんの人が食事をしている。部屋の入り口に立っている人たちが、たいこを鳴らし、ラッパを吹いている。説明にはこう書いてある。

> 大広間でおこなわれるばんさん会では、料理がはこばれてくるたびに、ファンファーレが、鳴らされた。

「そんなに本が読みたいなら、かってに読んでいて。わたしは、ひとりで見にいってくるから！」アニーが、しびれを切らして言った。

「あと、もうすこしだよ！」ジャックは、本から目をはなさずに言った。

ジャッククくらいの少年が、料理をはこんでいる。ぶたの丸やき。パイ。クジャクの羽根かざりがついているのは、クジャクの丸やきだろうか。

えっ、クジャク？

ジャックはノートに書きこんだ。

## クジャクを食べていた？

ジャックは、アニーにも見せようと、本を持ってふりむいた。

「見てごらん。この時代には、クジャクも……」

アニーがいない！

しまった。ああ、まただ！

ジャックは、霧のなかに目をこらした。はじめて、たいこやラッパの音が聞こえてきた。本物のタカ小屋、本物の風車、本物のお堀も見えた。

つりあげ橋の上には……、アニーだ！　つりあげ橋を、走ってわたっている。

と、思うと、門をくぐって、すぐに、すがたが見えなくなってしまった。

# 大広間のばんさん会

「あいつ、おぼえてろよ！」

ジャックはぶつぶつ言いながら、本やノートをリュックにおしこむと、自分も橋に向かって、走っていった。だれにも見つかりませんように、と、祈るほかなかった。

あたりが、だんだん暗くなってきた。

そうか、霧でわからなかったけど、ここはいま、夕がたなんだ。

木のつりあげ橋は、わたると、ギシギシと音をたてた。ジャックは、橋の下のお堀をのぞいてみた。ほんとうにワニがいるのか、たしかめようと目をこらしたが、暗くて、よくわからない。

そのときだ。

「そこに、だれかいるのか！」

じょうへきの上から、見はりの声が聞こえた。

ジャックは飛びあがって、大いそぎで橋をわたり、門をくぐった。

そこは、小石をしきつめた中庭だった。

お城の中から、音楽や笑い声が聞こえてくる。

ジャックは、ものかげにかくれて、アニーをさがした。

たいまつの明かりが、まわりのじょうへきを照らしている。

ひづめの音が聞こえてきた。少年が、馬を引いて歩いてくる。馬小屋へ連れていくらしい。よく見ると、さっきの騎士の黒い馬だった。

ジャックは、もういちど目をこらして、暗やみを見つめた。

アニーがいた！

中庭のまん中にある、井戸のかげから、手をふっている。

ジャックは、馬を引いた少年がいなくなるのを待って、アニーのところへかけよった。

「音楽が、どこから聞こえてくるのか、さがしに行ってみるわ。お兄ちゃんも来る？」アニーがささやいた。

「だめって言っても、どうせ行くんだろう？　いっしょに行くしかないじゃないか」

ふたりは、中庭をしのび足で進み、石づくりのたて物の中に、すべりこんだ。

中は、とても暗かった。小さな窓があるだけだから、昼間でも、うす暗いにちがいない。

すこし進んでいくと、奥のほうに、とくべつ明るい部屋があった。そこから、にぎやかな話し声や音楽が聞こえてくる。

ふたりは、入り口のそばへ行って、そっと、中をのぞいた。

「これが大広間だ。ばんさん会をやってるんだ！」

ジャックは、目を丸くして、そのようすに見とれた。

大きなだんろに、火があかあかと燃えている。壁には、シカの角や、みごとな織物がかざってある。床には、たくさんの花びらがまいてある。

ほそ長いテーブルがあり、毛皮の服やケープをはおった人たちが、ずらりとすわって、料理を食べている。テーブルの下では、犬が、骨を取りあっている。

短いスカートのような服を着た少年たちが、大きな皿やボウルにはいった料理をはこんでいる。

はでな服を着て、きみょうなぼうしをかぶった人たちが、ギターのような楽器をひいたり、ボールでお手玉をしたり、剣を使って曲芸をしたりして、みんなを楽しませている。

「さっきの騎士は、どこだろう？」ジャックが小声で言った。

「わからないわ。でも見て。みんな、お料理を、手で食べてるわよ」

「だれだ！」とつぜん、大きな声がした。
ふたりは、おどろいてふりかえった。
料理をはこんできたけらいが、こわい顔で立っていた。
「お、お兄ちゃん」アニーが、声にならない声を出した。
「アニー……」ジャックも、声がうわずっている。
ふたりはいちもくさんに、にげだした。

# ジャック、かぶとをかぶる

ふたりは、うす暗いろうかを、全速りょくで走った。あのけらいが、追いかけてきているのかどうか、ふりかえるよゆうもない。

「お兄ちゃん、こっちよ！」アニーが、ろうかのとちゅうにある部屋のとびらをおして、中にはいった。ふたりのうしろで、ギィーッと音をたてて、とびらがしまった。

中はまっ暗で、空気がひんやりしている。

「お兄ちゃん、かいちゅう電灯をかして」

アニーがかいちゅう電灯をつけてみると、すぐ目の前に、大ぜいの騎士が、こっちを向いてならんでいた！

アニーは、あわてて、かいちゅう電灯を消した。

シーンとしている。

「……だれも動かないね」ジャックがつぶやいた。

アニーは、もういちど、かいちゅう電灯をつけてみた。

「なあんだ、よろいだけか」と、ジャック。

「首なしの騎士ね」と、アニー。

「かいちゅう電灯をかして。本を見てみよう」

ジャックは、リュックからお城の本を出して、ページをめくった。

「ここは、武器庫だ。よろいや剣を、しまっておく部屋だよ」

ジャックは、かいちゅう電灯で、ぐるりと部屋の中を照らした。

「うわー、すごい!」

銀色のよろいが、ずらりとならんでいる。たなの上には、たくさんのかぶとがおいてある。やり、たて、剣、弓矢、こんぼうも、立てかけられている。

そのとき、遠くのほうから、人の声が聞こえた。

「こっちへくるわ！　かくれなきゃ！」

アニーは、すぐにかくれる用意をしたが、ジャックは動こうとしない。

「ちょっと待って。その前に……」

「なにするの？」

「すぐ、すむから。これ、持ってて」

ジャックは、かいちゅう電灯をアニーにわたすと、たなの前へ行った。

たなから、かぶとを持ちあげようとしたが、重くて、持ちあがらない。

そこで、かぶとを手前にずらし、その下にもぐりこんで、頭にのせようとした。そのとき、とつぜん、かぶとがずり落ちて、ジャックの頭に、ドカッとかぶさった。

首がおれるかと思うほど、重い。これは、五歳の子どもどころではない。十歳ぐらいの子どもを、頭にのせているようだ。おまけに、顔をかくす〝面頰〟がガシャッとおりて、ジャックは、前が見えなくなってしまった。

「お兄ちゃん」

アニーの声が、とても遠くに聞こえる。

「こっちへ来るわ！」

「かいちゅう電灯を消すんだ！」

自分の声が、かぶとの中で、ぐわんぐわんとこだました。

ジャックは、かぶとを持ちあげようと、もがいていたが、頭が重すぎてバランスをうしない、あおむけにたおれてしまった。

そのひょうしに、ならんでいたよろいや武器が、ガチャン、ガチャン、ガチャンと大きな音をたてて、しょうぎだおしになった。

やがて、とびらがいきおいよく開く音につづいて、ふとい声が聞こえ、ジャックは腕をつかまれた。

つぎのしゅんかん、かぶとが持ちあげられ、たいまつの火で、顔を照らされた。

## 魔法のつえじゃ！

目の前に、見上げるような大男が、三人立っていた。城をまもる衛兵にちがいない。

片目の男が、たいまつを持っている。

ジャックをつかまえている男は、いやに顔が赤い。

口ひげをのばした男が、アニーをおさえつけていた。アニーは、口ひげ男の腕のなかで、大あばれしている。

赤ら顔の男が、ジャックに向かって言った。

「おまえたちは、なにものだ！　ここで、なにをしている！」

つづいて、片目の男が言った。

「スパイにちげえねえ。エジプト人か、ローマ人か、それともペルシャ人か！」

「どれもちがうわよ。この、おたんこなす！」

ジャックは、びっくりして、アニーの顔を見た。

「あやしいやつらだ」赤ら顔の男が言った。

「地下ろうに、ぶちこんでおこう」片目の男が言った。

ジャックとアニーは、武器庫から引きずりだされた。

ジャックは、リュックをせおっていないのに気づいて、部屋をふりかえったが、衛兵に「行け！」とこづかれて、あきらめた。

片目の男を先頭に、ジャック、赤ら顔、アニー、口ひげと、一列にならんで、暗い、長いろうかを歩いた。それから、せまくて、急な、石のらせん階だんをおりていった。

アニーは、あいかわらず、大声でわめいている。

「いじわる！　おたんこなす！　わたしたち、なにもしてないのに！」

男たちは、笑って、あいてにしない。

階だんをおりきると、目の前に、大きな鉄のとびらがあった。ふとい木のかんぬきが、横にわたしてある。

片目の男が、かんぬきをはずして、とびらをおした。ギィイーッと音をたてて、とびらが開いた。

ジャックとアニーは、衛兵にドンと背中をおされて、中にはいった。

ひんやり、じめじめした部屋だ。よごれた壁には、くさりがかかっている。天井から、ピチャッ、ピチャッと水がたれて、石の床に水たまりができていた。

これが、地下ろうなのか。こんなきみの悪い場所は、はじめてだ。

「ばんさん会が終わったら、大公さまにお知らせしよう」片目の男が言った。

「しょけいは、あしただな」と、口ひげ。

しょ、しょけい？

「その前に、ネズミのえじきにならなければ、の話だが」

赤ら顔が言い、三人は、わっはっは、と笑った。

そのとき、ジャックは、アニーがリュックを持っているのに、気がついた。武器庫を出るとき、持ってきてくれたのだ。

アニーが、そっと、リュックを開けようとしている。

「よし、くさりにつないでおこう」と、片目の男が言った。

そのしゅんかん、アニーは、かいちゅう電灯をつかみだし、衛兵に向けてかまえた。

「じゃーん!」

三人は、なにごとかと手を止めて、見たこともない、かいちゅう電灯を見つめた。

ああ、いまは、ふざけてるばあいじゃないのに! ジャックは、目をおおいたい気もちだった。

カチッ! アニーが、かいちゅう電灯のスイッチをいれた。

とつぜん、太陽のように明るい光を、まともに目にうけた三人は、びっくり

して、あとずさりした。

片目の男は、持っていたたいまつを、水たまりに落とした。ジューッという音がして、たいまつの火が消えてしまった。

「魔法のつえじゃあー！」

アニーが、かいちゅう電灯をふりまわしながら、言った。

「さがるのじゃ！　さもないと、おまえたちも、消してしまうぞよ！」

ジャックは、開いた口がふさがらなかった。

アニーが、かいちゅう電灯の光を、つぎつぎと衛兵の顔にあてると、三人は、ひめいをあげて、顔をかくした。

「みなのもの、床にふせるのじゃ！」

アニーの声に、三人の大男が、おろおろと床にふせるのを、ジャックはあっけにとられて見つめた。

「お兄ちゃん、いまのうちよ！」

かいちゅう電灯をふりかざしたまま、アニーが言った。

ジャックは、はっとわれに返った。

入り口の鉄のとびらは開いたままだ。見ると、三人の衛兵は、まだ床に頭をつけて、ガタガタとふるえている。

アニーがさけんだ。

「お兄ちゃん、早く！」

ふたりは、ころがるように、おそろしい地下ろうから、ぬけ出した。

# 秘密のぬけ穴

アニーとジャックは、せまくて急な、石のらせん階だんをかけあがり、うす暗いろうかを、ひたすら走った。

すぐに、ふたりをさがす声が、城のあちこちから聞こえてきた。犬のほえる声も聞こえる。

「追いかけてくるわ！」アニーがさけんだ。

「ここにかくれよう」

ジャックは、目の前のとびらをおして、中にはいると、とびらを閉めた。

アニーが、かいちゅう電灯をつけた。大きなふくろや、木のたるがならんでいる。

「ここは、なんの部屋かな。本で調べてみよう」

ジャックは、リュックをうけとると、中からお城の本を出し、ページをめくりはじめた。

「だれか来る！」アニーが、かいちゅう電灯にとびついて、スイッチを切った。

つぎのしゅんかん、いきおいよく、とびらが開いた。

ジャックとアニーは、とっさに、開いたとびらのかげにかくれた。

たいまつの明かりが、部屋の中をぐるりと照らし、石の床をはうように、ふたりの足もとにせまってくる。

そのときどこからか「あっちだ！」という声が聞こえ、衛兵たちは、ドヤドヤと、部屋を出ていってしまった。

部屋は、ふたたび暗やみにもどった。

「いそがなくちゃ。あいつらが、もどってくるかもしれない」

ジャックは、かいちゅう電灯をつけ、ふるえる手で本のページをめくった。

「ここに、城の見取り図がのってる。ぼくたちがいるのは、この食りょう倉庫だ」ジャックは、本に顔を近づけて言った。

「この部屋にあるのは、小麦粉のふくろや、ワインのたるだよ」

「そんなこと、どうでもいいわよ。それより、どうしたら、ここからにげられるの？」

「これだ！」ジャックは、本のページを、指さして言った。

「ここに、かくしとびらがある！」

ジャックは、説明を読みあげた。


城の中には、秘密のぬけ穴に通じるかくしとびらが、いくつもあった。

秘密のぬけ穴は、城の中までせめこまれたとき、外へにげるための通路で、たとえば、食りょう倉庫からのぬけ穴は、石がきに通じていた。

「石がきって？」

「行ってみればわかるよ。とにかく、そのぬけ穴から、外に出られることがわかったんだ。まず、かくしとびらを、さがさなくちゃ！」

ジャックは、本の見取り図をたんねんに調べ、つぎに、かいちゅう電灯を照らして、石の床を見まわした。

本にのっているかくしとびらは、部屋の入り口から、五つめの床石の下にある。

「一、二、三、四、五！」

ジャックは、床の石を数え、五つめの石を、強くふんでみた。そこだけ、すこしぐらぐらする。

かいちゅう電灯を床におき、石のあいだに指を入れて、持ちあげようとしたが、ひとりでは持ちあがらない。

アニーとふたりがかりで、ようやく、持ちあげてみると、石の下には、小さ

な木のとびらがあった。

とびらに、短いロープがついている。

ロープを思いきり引くと、とびらがガタンと開いて、まっ暗な穴があらわれた。ジャックが、かいちゅう電灯で穴を照らしてみると、中に、ほそ長いはしごがかかっているのが見えた。

「よし、行こう」

ジャックは、かいちゅう電灯を消して、手さぐりではしごをおりはじめた。

アニーがあとにつづく。

穴の底までたどりつくと、ジャックは、かいちゅう電灯をつけて、あたりを見まわした。

ジャックの胸ほどの高さの、暗い横穴があった。

「ここに、トンネルがあるぞ！」

ふたりは、腰をかがめて、トンネルを進みはじめた。

石の壁のトンネルだ。じめじめしていて、カビくさい。

とつぜん、かいちゅう電灯の光が、弱くなった。ふってみたが、明るくならない。

「だめだ。電池がきれそうだよ」

ジャックは、ふりむいて、アニーに言った。

「いいから、いそいで！」

アニーは、ジャックの背中をおした。

ジャックは、スピードをあげた。ずっと、腰をかがめているので、背中がいたい。

かいちゅう電灯の光が、ますます弱くなってきた。電池がかんぜんになくならないうちに、このトンネルを出なければ！

やがて、小さな木のとびらに、つきあたった。

石がきの出口にちがいない。ジャックは、かけ金をはずし、とびらをドンとおした。

外の空気だ。

おそるおそる首を出してみたが、暗いうえに、霧がかかっていて、なにも見えない。

でも、かすかな風は、すずしくて気もちがよかった。ジャックは、深呼吸した。

「なにか見える？」アニーが、うしろから声をかけた。

「なんにも見えない。でも、城の外には出たと思うよ。たしかめてみよう」

ジャックは、かいちゅう電灯をリュックにしまい、下のほうへ手をのばしてみた。でも、なにもない。地面は、もうちょっと下らしい。

「足からおりたほうが、いいみたいだ」

ジャックは、せまいトンネルの中で向きを変え、腹ばいになって、足を外へ出すと、そのまますこしずつ、からだを下へずらしていった。

まだ足は、地面につかない。もうすこし、もうすこし……。

ジャックは、指のちからだけで、石がきにぶらさがった。

そこは、石がきの、ずっと高いところだったのだ！

「アニー、もどるから、引っぱって！」

アニーは、ジャックの手をにぎったが、重くて、とても引きあげられない。

腕がしびれて、ちぎれそうだ。

「お兄ちゃん、もう、ダメ！」アニーが、そうさけんだしゅんかん、ジャックのからだは、霧のなかへと落ちていった。

## お堀に落ちた

バッシャーン！

ジャックは、水の中をブクブクとしずんでいった。とっさに、めがねをおさえたものの、鼻から水を吸いこんでしまった。むちゅうで手を動かし、水から顔を出すと、ゲホッと、水をはき出した。

「お兄ちゃーん！」

石がきの上から、アニーの声がする。

「堀…に…落ちた…ゲホッ」

服を着て、リュックをせおっているから、思うように、からだを動かせない。

バッシャーン！

大きな水音がして、水しぶきが飛んできた。

「お兄ちゃん！」

すぐ近くで、アニーの声がした。

「あわてちゃダメ！　大きく息を吸って。たくさん空気を吸いこめば、しぜんに、からだがうくはずよ」

言われたとおりに、大きく息を吸ってみた。からだが、すこしかるくなった。

「岸は、どっち？」アニーが聞いた。

「あっちじゃないかな」

ふたりは、暗い、つめたい水の中を泳いだ。

しばらくすると、ジャックのうしろで、バシャバシャと水音がした。

たしか、アニーは、前にいるはずだ。

「アニー？」

「なに？」声は、前からだ。

バシャ！　また、うしろで音がした！

ジャックは、心臓が止まりそうになった。

ひょっとしたら、ワニ？

ふりむいたが、めがねがぬれているので、なにも見えない。

「ア、アニー！」

「なに」

「もっと、いそいで！」

「もう、岸についてるわ。こっちよ」

ジャックは、アニーの声のするほうに向かって、必死に泳いだ。

バシャ！　まただ！　すぐうしろにせまっている！

とつぜん、ジャックの手が、やわらかい、なまあたたかいものにふれた。

「ヒイッ！」

ジャックは、ひめいをあげた。

「わたしよ、お兄ちゃん！　ほら、わたしの手をつかんで」

ジャックは、アニーの手にしがみついた。アニーは、ジャックの手を引いて、地面にさわらせた。ふたりは、草をつかんで岸にはいあがった。

ああ、助かった！

ジャックはふるえが止まらない。歯もガチガチいっている。

めがねをはずし、水をぬぐってかけなおしてみたが、霧で、やっぱりなにも見えない。

ジャックは、霧のなかに目をこらした。

つりあげ橋はどこだ？　風車は？　タカ小屋は？　あのツリーハウスは？

なにもかもが、霧とやみにのみこまれてしまったようだった。

ジャックは、リュックの中から、かいちゅう電灯を出し、スイッチを入れてみたが、やはり、明かりはつかなかった。

なんてことだ。せっかく、城からにげ出せたというのに、こんどは、夜の霧に、つかまってしまった！

ヒヒーン！

とつぜん、馬のいななきが聞こえた。

ちょうどそのとき、雲がきれて、満月が顔を出した。あたりが、サーッと明るくなった。

目の前に、あの騎士がいた。

黒い馬にまたがっている。

銀色のよろいが、月に照らされて、まぶしく光っている。

かぶとで顔は見えないが、ジャックとアニーを、じっと見つめているようだった。

# 黒い馬の騎士

騎士が、よろいをつけた手を、さし出した。

ジャックは、思わず、あとずさりした。

「行きましょう、お兄ちゃん」アニーが言った。

「行くって、どこへ」

「あの人が、助けてくれるって」

「どうして、わかるんだよ」

「わたしには、わかるの！」

アニーが近づいていくと、騎士は、馬からおりて、かるがるとアニーをだきあげ、馬の背中に乗せた。

「お兄ちゃんも、早く！」

アニーに呼ばれて、ジャックも、おそるおそる騎士に近づいた。

本物の騎士の馬に乗るなんて、やっぱり、夢としか思えない。

騎士は、ジャックをだきあげ、アニーのうしろにすわらせた。そして、自分も、ふたりのうしろに飛びのると、たづなを持ちなおした。

馬が走りだした。お堀の水が、月の光をあびて光っている。

くらの上でゆれるジャックの耳もとを、気もちのいい風が通りぬけていく。

ジャックは、自分も、強くて勇かんで、心やさしい騎士になったような気がした。このまま、どこまでも、走っていけそうな気がする。山をこえ、海をわたり、月までも——。

遠くで、タカのかん高い声が聞こえた。

「ツリーハウスはあそこよ」

アニーが、前に見えてきた木立ちを、指さして言った。

騎士は、馬をあやつって、木立ちのあいだをゆっくりと進んだ。

やがて、ツリーハウスが見え、その下まで来ると、騎士は馬を止めた。

騎士は、馬をおりると、まず、アニーをおろした。

アニーは、「ありがとうございました」と言って、お城の女の人たちがしていたように、ていねいにおじぎをした。

ジャックも、馬からおろしてもらうと、お礼を言って、おじぎをした。

騎士は、ふたたび馬にまたがり、だまってよろいの手をあげた。

それから、くるりと馬の向きを変えると、ひづめの音をひびかせて、月の光のなかを走りさった。

ジャックとアニーは、いそいでなわばしごをのぼり、ツリーハウスの窓にかけよって、騎士のすがたをさがした。

黒い馬の騎士は、じょうへきの門を出て、丘をのぼっていくところだった。

ジャックは、いっしゅん、丘をこえていく騎士のよろいが、キラリと光ったような気がした。

静かに雲が流れてきて、月をおおい、あたりは、また、やみにつつまれた。

「行っちゃったわね」アニーが言った。

ジャックは、ぬれた服のまま、騎士のすがたが消えていった丘のほうを、いつまでも、見つめていた。

「お兄ちゃん、寒いわ。もう帰りましょう」

アニーが話しかけても、ジャックは、まだ、窓の外を見つめている。

「ペンシルベニア州の本は、どこかしら?」

まっ暗な小屋の中で、アニーは、床の上の本をさぐった。

「これかしら。しおりの感じが、たしか、こんなだったような気がするんだけど」

ジャックは、まだ、うわの空だ。騎士のよろいが、もういちど光るかもしれない。そう思うと、窓から、はなれられなかった。

「これで、いいわよね！　この、しおりのページを開いて、『帰りたい』って言えばいいのよね」

アニーは、本に指をおしつけて、背すじをのばした。

「それじゃ、言うわよ。――フロッグクリークに帰りたい！」

風が吹きはじめた。

ジャックは、寒くなって、ようやく窓からはなれた。

アニーが、つぶやいた。

「ほんとうに、この本でよかったのかな……」

「な、なんだって？」ジャックは、おどろいてアニーのほうを見た。

「この本でよかったのかな、って。おまえ、なにしたんだ？」

風が強くなって、ツリーハウスが、ミシミシとゆれはじめた。

「もし、恐竜の本だったら、どうしよう」と、アニー。

「ええっ？　と、止まれ！」ジャックがツリーハウスに向かってさけんだが、まにあわなかった。

風が強まり、ツリーハウスは回転をはじめ、すぐに、もうスピードでまわりはじめた。

ああ、帰れなかったら、どうしよう！

とつぜん、なにもかもが止まり、静かになった。

なにも聞こえない。

# Mのなぞ

空気が、あたたかい。

夜が明けようとしている。遠くから、犬のなき声が聞こえてきた。

「あの声は、ヘンリーよ。フロッグクリークに帰れたのよ！」

アニーが、うれしそうに言った。

ふたりが、窓から顔を出すと、遠くに、町の明かりが見えた。

「帰れてよかったよ」

ジャックが、ため息をついた。

家のほうに目をやると、二階の窓の明かりがついている。

「たいへん！　もう、ママとパパが起きてるわ。早く帰らなくちゃ！」

「ちょっと、待って」

ジャックは、リュックを開けて、お城の本を出した。びしょぬれだったが、しかたがない。そのまま、床の上においた。

「いそいで、お兄ちゃん！」

アニーは、なわばしごをおりはじめた。ジャックは、まだ、頭がくらくらしていたが、すぐに、あとを追った。

ふたりは、うっすら明るくなってきた森を出て、人かげのない道路を走り、庭のしばふのつゆをふんで、うらのドアから、そっと家にはいった。

「よかった。ママたちは、まだ二階みたい」

アニーが小声で言った。

「しーっ！」

ジャックが先に、アニーがあとについて、しのび足で、階だんをのぼった。

二階のバスルームから、シャワーの音が聞こえてくる。

あの、暗くて、さむざむとしたお城にくらべて、わが家は、なんとあたたかくて、気もちがいいんだろう。ジャックは、心の底からほっとした。

ふたりは、にこっと笑いあって、それぞれの部屋にはいっていった。

ジャックは、まず、ぬれた服をぬぎ、かわいた、気もちのいいパジャマに着がえた。

それからベッドの上にすわり、リュックを開けて、ノートを出した。ノートも、びっしょりぬれていた。

えんぴつをさがそうと、もういちどリュックに手を入れたジャックは、べつのものを見つけた。

青い革のしおりだ。

お城の本にはさまっていたものが、落ちたらしい。

しおりを、明かりにかざして見た。

そのときジャックは、しおりに、Mの文字がついているのに、気がついた。

M

ジャックは、引きだしを開けて、金のメダルを取りだした。

しおりのMと、メダルのMは、まったくおなじ形だった。

すごいぞ。

ジャックは、大きく息を吸いこんだ。

ツリーハウスの、あのたくさんの本の持ちぬしと、恐竜の丘で、このメダルを落とした人は、おなじ人だったんだ。

でもそれは、いったい、だれなんだろう。


なぞは、まだとけない。

ジャックは、メダルと青い革のしおりを、引きだしの中に、そっとしまった。

それから、ノートの、できるだけぬれていないページをさがした。

この大発見を、書いておかなくては。

## おなじ

ジャックは、このあとに「M」と書くつもりだったが、もう、目を開けていられなかった。

ジャックは、夢を見た。

アニーといっしょに、あの騎士の黒い馬に乗っている。

三人は、じょうへきの門を出ると、ひんやりとした月明かりのなかを、丘をこえて、どこまでも、どこまでも、走った。

その先は、まっ白な霧につつまれていた。

# マジック・ツリーハウス

**マジック・ツリーハウス第17巻……2006年6月16日（金）発売予定**

PHOTO／PAUL COUGHLIN

## 著者：メアリー・ポープ・オズボーン

　ノースカロライナ大学で演劇と比較宗教学を学んだ後、世界各地を旅し、児童雑誌の編集者などを経て児童小説家となる。以来、神話や伝承物語を中心に40作以上を発表し、数々の賞に輝いた。また、アメリカ作家協会の委員長を２期にわたって務めている。ニューヨーク市在住、ペンシルベニアに別荘をもつ。

　マジック・ツリーハウス・シリーズは、1992年の初版以来、2005年までに34話のストーリーが発表され、いずれも、全米の図書館での貸し出しが順番待ちとなるほどの人気を博している。また、現在、イギリス、フランス、スペイン、中国、韓国など、世界21か国で翻訳出版されている。

## 訳者：食野雅子（めしの まさこ）

　国際基督教大学卒業後、サイマル出版会を経て翻訳家に。4女の母。

主な訳書に「聖ウラジーミルの十字架」（新潮文庫）

ターシャ・テューダー・シリーズ「暖炉の火のそばで」

「輝きの季節」「コーギビルのいちばん楽しい日」

「思うとおりに歩めばいいのよ」（以上メディアファクトリー）など多数。

マジック・ツリーハウス 1

# 恐竜の谷の大冒険

2002年3月29日　　初版　第1刷発行
2006年2月6日　　　　　第36刷発行

著　者　　メアリー・ポープ・オズボーン
訳　者　　食野雅子
発行者　　清水能子
発行所　　株式会社メディアファクトリー
〒104-0061 東京都中央区銀座8-4-17
TEL. 0570-002-001
TEL. 03-5469-4740(編集)

印刷・製本　株式会社 廣済堂

編　集　　豊田たみ
装　丁　　郷坪浩子
イラスト　甘子彩菜


定価はカバーに表示してあります。
ISBN 4-8401-0551-0　C8097
Printed in Japan